GUO

**BOL
à la**

GW01445264

DOCUM

2 B

La cuisine de A à Z

OXFORD UNIVERSITY PRESS

Contents

Oxford University Press, Great Clarendon Street, Oxford OX2 6DP

Oxford New York
Athens Auckland Bangkok Bogota Bombay
Buenos Aires Calcutta Cape Town Chennai
Dar es Salaam Delhi Florence Hong Kong
Istanbul Karachi Kuala Lumpur Madras
Madrid Melbourne Mumbai Mexico City
Nairobi Paris São Paolo Singapore Taipei
Tokyo Toronto Warsaw

and associated companies in
Berlin Ibadan

Oxford is a trademark of
Oxford University Press

© Oxford University Press 1998

ISBN 0 19 912252 0

Acknowledgements
The authors and publisher would like to thank the following for their help and advice: Colin Humphrey and students at George Abbott School, Guildford; Steve Scholey and students at Chantry High School and Sixth Form, Ipswich; and Chloë George.

The publisher would like to thank the following for permission to reproduce photographs:
Corbis UK Ltd/Owen Franklin: p. 3; Corbis UK Ltd/Adam Woolfit: p. 8; Corel Corporation: p. 9; Orangina International: p. 7; Oxford University Press: p. 5; David Simpson: p. 4.

Cover by Matt Buckley. Illustrations are by Martin Aston and Tony Chance.

Typeset and designed by Peter Ducker MSTD

Printed in Great Britain

La cuisine de A à Z

Sue Finnie

A **Anglaise**
Au restaurant, vous commandez une **assiette anglaise**. C'est quoi exactement? C'est une sélection de différentes sortes de viandes froides et de charcuterie.

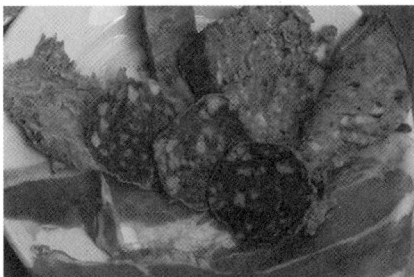
Une assiette anglaise

Une **crème anglaise** (ou **crème à l'anglaise**) est servie au dessert. C'est un peu comme la «custard» anglaise.

B **Bouteille en plastique**
La **bouteille en plastique** est une invention française. C'est une idée de la Société générale des eaux minérales de Vittel. Une idée simple? Oui! Mais la recherche a duré quatre ans. Finalement, en 1969, la bouteille *Maxironde* est née. Sept ans plus tard, on crée la bouteille *Maxicarré*, qui est plus facile à stocker.

C **Chocolat en barre**
La recette du chocolat est rapportée d'Amérique par les explorateurs espagnols. C'est une boisson spéciale, qui a du succès en Europe. Le premier **chocolat en barre** est fabriqué par François-Louis Cailler, un jeune Suisse, en 1819. Aujourd'hui encore, les Suisses ont une excellente réputation pour la fabrication du chocolat.

D Distributeur automatique de frites

Les Belges adorent les frites. (Saviez-vous qu'ils mangent les frites avec de la mayonnaise?) Alors, pas de surprises: le **distributeur automatique de frites** est une invention belge. Vous introduisez vos pièces et le distributeur fournit une portion de frites croustillantes.

E Eau minérale

Il y a l'**eau minérale plate** et l'**eau minérale gazeuse**. Les Français boivent beaucoup d'eau minérale: 94 litres par personne et par an. Qui a inventé l'eau minérale gazeuse? C'était un Anglais. En 1741, William Browning ajoute de l'acide carbonique (qui produit des bulles) à de l'eau de source ordinaire.

F Four à micro-ondes

Un Américain, Percy Le Baron Spencer, ingénieur physicien, est le père du **four à micro-ondes**. En 1945, quand il travaille sur les radars, il applique le principe du radar à la cuisson des aliments. Le four à micro-ondes est né.

G Grenouille

C'est vrai: en France, on mange des **cuisses de grenouille**. C'est une spécialité. Elles viennent, en général, des pays d'Orient, comme le Viêt-nam. Mais un grand nombre de Français n'en ont jamais mangé. La grenouille a un peu le goût du poulet.

H Hamburgers

Dans les années quarante, deux frères américains, Maurice et Richard McDonald ont un stand de vente de **hamburgers** à côté de leur salle de cinéma en Californie. Ils insistent sur la qualité des hamburgers qu'ils servent. Aujourd'hui les hamburgers McDonald sont vendus par millions dans le monde entier. Mais, au McDo, on ne vend pas encore des hamburgers d'alligator, comme en Floride, ni des hamburgers d'autruche, comme en Australie.

I Ile flottante

L'**île flottante** est un dessert. L'île est faite de blancs d'œuf (montés en neige et pochés). Elle flotte sur de la crème anglaise. On décore avec des amandes et un sirop de caramel.

J Jambon

Le **jambon** fait partie (avec le fromage et le pain) des ingrédients d'un casse-croûte typiquement français: le croque-monsieur. Normalement, c'est un sandwich trempé dans un œuf battu et frit.

JAMBON FUMÉ — 25 F
FROMAGE — 14 F
VIANDE FROIDE au choix, selon les jours — 30 F
HOT-DOG — 28 F
CROQUE-MONSIEUR — 31 F
CROQUE-MADAME — 33 F

K Ketchup

C'est une sauce à la tomate, bien sûr. Le *tomato ketchup* que nous mangeons a été inventé par l'Américain, Henry Heinz, en 1876. Les Chinois ont inventé une sauce (à base de poissons) nommée *ke-tsiap*. Le nom *ketchup* vient de cette sauce.

L Lait en poudre

En 1805, un Français, Antoine Parmentier, essaie de fabriquer du lait sec, le l**ait en poudre**. Cinquante ans plus tard, c'est un Allemand qui réalise les premiers essais industriels. L'industrie s'est développée au cours du vingtième siècle.

M Margarine

La **margarine** est encore une invention française. En 1869, Napoléon III lance un concours. Le but: découvrir un produit pour remplacer le beurre. Pour nourrir ses soldats, il cherche un beurre artificiel, économique et capable de se conserver sans rancir.

Hippolyte Mège-Mouriès trouve une solution. Il appelle son beurre artificiel *la margarine*.

N Nougat

La ville de Montélimar en France est connue pour la fabrication de **nougat**. C'est une confiserie. Elle est faite de sucre, de blancs d'œufs, de noix et de cerises confites.

***

O Orangina

Aujourd'hui, plus de 1.3 billions de la petite bouteille ronde **Orangina** sont vendues chaque année. Cette boisson fruitée et pétillante, très populaire en France, est une invention espagnole. En 1936, le docteur Trigo ajoute de l'eau gazeuse et du sucre au jus d'orange. L'Orangina est né.

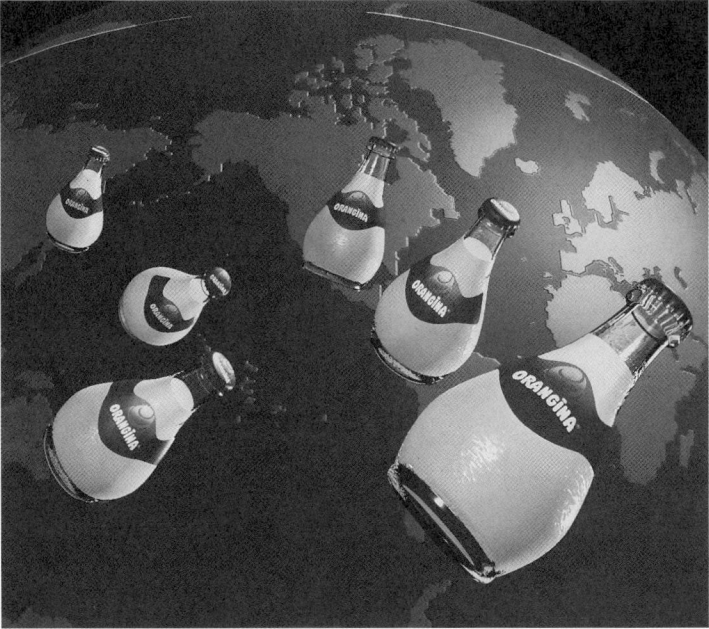

P Pommes de terre

Les **pommes de terre** ont fait un long voyage. Au seizième siècle, les Espagnols les rapportent d'Amérique du Sud. A leur arrivée, elles n'ont pas beaucoup de succès. On donne les pommes de terre à manger aux animaux. Aujourd'hui, on les mange en frites ou en chips, sautées ou en purée, cuites à l'eau ou au four.

Q Quiche

Une **quiche** est une sorte de tarte, faite avec des œufs battus. La plus connue est la **quiche lorraine**. Pour une quiche lorraine, on ajoute des lardons ou du jambon. On peut aussi mettre du fromage, mais cela n'est pas un des ingrédients traditionnels.

R Roquefort

Le **Roquefort** est un fromage français. C'est un des plus grands fromages au monde. C'est un fromage très fort, blanc, avec des veines de bleu. Un bon Roquefort est fait uniquement avec du lait de brebis.

S Sandwich

Le **sandwich** a une histoire. Le comte de Sandwich (en Angleterre) aime beaucoup le jeu. Un jour il refuse de quitter la table de jeu pour aller déjeuner. Son cuisinier prépare donc un repas transportable: une tranche de viande entre deux tartines de pain beurré.

T Tarte Tatin

Les sœurs Caroline et Stéphanie Tatin ont un hôtel à Lamotte-Beuvron, en France. Un jour, une des sœurs fait tomber une tarte aux pommes. Elle la remet dans le moule… à l'envers. Et elle la remet au four. Le résultat est un dessert délicieux. En France, on l'appelle *tarte Tatin*. Aux Etats-Unis, on l'appelle *upside-down cake*.

U Unité

Si les fruits ou les légumes, par exemple, sont vendus à l'**unité**, cela veut dire qu'on peut en acheter un seul.

V Vinaigrette

Une vinaigrette est une sauce de salade. On fait une vinaigrette avec de l'huile et du vinaigre. On ajoute une cuillerée de bon vinaigre à cinq cuillerées de l'huile. Pour varier, on peut ajouter aussi de la moutarde, de l'ail, du sel ou du poivre.

W Whisky

Cet alcool est importé en France d'Ecosse et d'Irlande. La plus ancienne distillerie de whisky du monde – selon des documents datés de 1276 – est dans le Nord de l'Irlande. Elle s'appelle Old Bushmills, et elle est toujours active.

X Xérès

Xérès est la version francisée de *Jerez* (nom d'une ville espagnole). A Jerez, on produit beaucoup de vin fortifié qui porte le nom de la ville.

Y Yaourt

Le **yaourt**, c'est bon pour la santé. C'est bon pour les troubles intestinaux. La tradition dit que le yaourt date du temps de la Bible (quand un ange l'a révélé à Abraham).

Z Zébrine

C'est quoi, une **zébrine** ? C'est un légume, une sorte d'aubergine. La peau d'une zébrine est rayée, comme la peau d'un zèbre.

Activités de compréhension, voir page 27.

Petits menus pour grands copains

Nathalie Varichon

Toutes les occasions sont bonnes pour faire la fête: un anniversaire, un examen réussi, la fin de l'année scolaire... Si toi aussi, tu aimes faire la fête, voici quelques idées pour organiser des soirées sympas avec tes copains.

UNE SOIRÉE VAMPIRE

Il faut :
- beaucoup de copains (plus on est de fous, plus on rit !)
- du maquillage blanc, noir et rouge
- un menu spécial pour les vampires
- beaucoup d'humour noir

Bien mélanger. Tes invités vont tout dévorer !

UNE SOIRÉE TÉLÉ

Il faut :
- un petit groupe d'amis (maximum 5)
- un bon programme de télé ou des cassettes vidéo
- un coin-télé très confortable
- des plateaux-repas
- des parents sympas

A préparer à l'avance et à manger tranquillement, avec les doigts.

La soirée vampire

L'invit'

L'invitation sert à donner ton adresse, ton numéro de téléphone, la date et l'heure de la fête. Tu peux aussi donner le thème de la soirée pour mettre les gens dans l'ambiance.

> *Chers amis vampires,*
>
> *Je vous invite la nuit de la pleine lune (samedi 9 juin), à 18 heures, pour*
>
> ### La grande soirée des vampires
>
> *Super ambiance : vous allez rencontrer les vampires les plus horribles de la ville !*
>
> *Menu : mes spécialités, à base de sang frais.*
>
> Vingt-sang (Vincent) Lamotte
>
> *RSVP: Le Château (près du cimetière)*
> *20 rue Victor Hugo*
> *Marseille*
> *tél : 04 91 34 56 19*
>
> *P.S : Tenue de vampire exigée*

Le look

Ta tenue de vampire doit être vraiment horrible. Maquille ton visage en blanc, tes yeux en noir (dessus et dessous) et tes lèvres en rouge. Tu peux dessiner des gouttes de sang au coin de ta bouche. Si tu as de fausses dents de vampire et du vernis noir sur les ongles, c'est encore mieux. Choisis des vêtements noirs (les tiens, ceux de tes frères et sœurs, ou de tes parents s'ils sont d'accord).

Astuce: certains invités viendront sans tenue de vampire (parce qu'ils ont oublié ou parce qu'ils sont timides). Demande à un copain ou à une copine de les maquiller dès qu'ils arrivent.

La déco

La décoration de la pièce est très importante pour créer une ambiance inquiétante. Utilise trois couleurs seulement: le blanc, le rouge et le noir. Couvre la table d'une nappe en papier blanc et présente la nourriture dans des plats, de manière assez classique et solennelle. Limite l'éclairage à une ou deux lampes: la pièce doit rester assez sombre.

Le menu

Inutile de faire des plats très compliqués. L'important, c'est le nom que tu donneras à chaque plat. Par exemple, sur une bouteille de jus de tomate, colle l'étiquette «Sang frais». Tu peux être sûr(e) de la réaction de tes invités: ils vont hurler!

Voici quelques idées :

➡ *jus de tomate ou de raisin*

SANG FRAIS

JEUNES CŒURS TENDRES

➡ *toasts au pâté, jambon, fromage, coupés en forme de cœur*

TÊTE DE MORT FARCIE

➡ *voir recette*

OS A LA SAUCE DRACULA

➡ *petites saucisses à la sauce tomate*

Recette: Les têtes de mort farcies

Il faut:
- un petit melon par personne (ou un gros melon pour deux personnes)
- des fruits frais (pommes, bananes, oranges, pêches, suivant la saison) ou des fruits en conserve
- une cuillère à soupe de sucre pour chaque melon
- une bombe de crème Chantilly

1 Coupez le haut du melon, à 3 cm de la queue. Gardez-le.

2 Enlevez les graines et jetez-les. Formez des boules de melon avec une cuillère.

3 Faites une salade de fruits avec les boules de melon et les autres fruits coupés en morceaux. Sucrez.

4 Mettez la salade de fruits dans le melon. Ajoutez la crème Chantilly. Couvrez avec le haut du melon.

5 Placez deux rondelles de kiwi pour les yeux, une fraise pour la bouche. Vos têtes de mort farcies sont prêtes. Bon appétit!

La soirée télé

Le programme

C'est l'élément central de ta soirée. Si un film d'aventure passe à la télé, c'est le moment d'inviter tes copains. En général, tout le monde aime bien. Autre grand classique : un match de basket ou de foot, surtout quand l'équipe nationale joue. Ambiance garantie !

Si tu as un magnétoscope, tu peux louer des films et organiser un programme varié: un film d'horreur + un film comique; un film d'amour + un film d'aventure.

L'invit'

Salut !

Pour fêter la coupe du monde de basket et encourager ton équipe favorite, je t'invite à une super

Soirée télé

samedi 15 mai, à 19 heures.

Au programme :

19 heures 30 : début du match

20 heures 05 : mi-temps. Concours : Qui va gagner le match ? Avec quel score ?

20 heures 45 : fin du match. Résultat du concours et distribution du prix-surprise.

21 heures : Wallace et Gromit (film comique)

A samedi !

RSVP: Gwendoline Lamoureux
13 place de l'Hôtel de Ville
Lyon   tel : 04 78 45 08 09

La déco

Fais de l'espace autour de la télé. Enlève les objets fragiles (ce serait dommage de casser l'adorable chat en porcelaine de Tante Anna).

Mets des coussins par terre. Rends le coin télé très confortable.

Astuce: couvre le canapé avec un grand drap pour éviter les taches.

Le menu

Prépare un plateau-repas pour chaque invité. Choisis des plats qui se mangent avec les doigts.

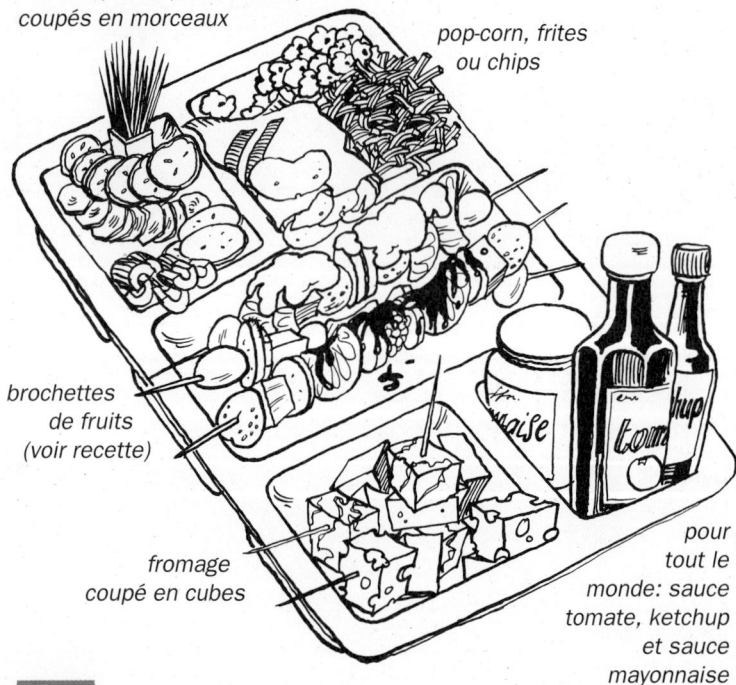

légumes de saison: carottes, tomates, céleri, concombre, coupés en morceaux

pop-corn, frites ou chips

brochettes de fruits (voir recette)

fromage coupé en cubes

pour tout le monde: sauce tomate, ketchup et sauce mayonnaise

Recette: Les brochettes de fruits

3

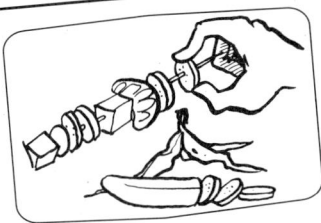

Coupez les fruits. Placez-les sur la brochette: variez les couleurs et les formes.

Pour cinq personnes :
– des fruits frais (raisin, pomme, ananas, abricot, cerises suivant la saison) ou des fruits en conserve
– cinq brochettes en bois

4

Cassez le chocolat en morceaux. Mettez les morceaux dans une casserole avec deux cuillères à soupe d'eau. Ajoutez le beurre. Faites cuire à feu très doux.

2

– une bombe de crème Chantilly ou de la sauce au chocolat

Pour la sauce au chocolat:
– 200 grammes de chocolat
– 100 grammes de beurre

5

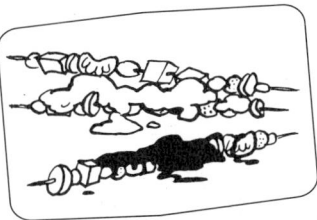

Versez la sauce au chocolat ou la crème Chantilly sur les brochettes. Régalez-vous!

Activités de compréhension, voir page 28.

Il était une fois

Sue Finnie

C'est l'heure du déjeuner. Qu'est-ce qu'on mange? Une pizza? Des spaghettis? Un hamburger-frites avec du ketchup, ou encore une salade avec de la mayonnaise?

Mais savez-vous ce que mangeait l'homme (ou la femme) néolithique? Ou Jules César? Ou l'Empéreur Napoléon? Venez faire un voyage à travers le temps. Remontons dans le passé pour découvrir les menus de nos ancêtres.

1 Des souris et des rats...
tout était mangé cru

Qu'est-ce qu'on mangeait il y a deux millions d'années? Probablement des fruits sauvages et des racines, des noix, des champignons et... des souris et des rats! Tout était mangé cru. La viande crue des petits animaux était difficile à mastiquer.

Quand on a découvert le feu (environ 800 000 ans avant Jésus-Christ), on a pu manger de la viande cuite. La viande était alors grillée au feu de bois ou rôtie au four. Comme la viande cuite se mastiquait plus facilement, les gens passaient moins de temps à manger. Ils avaient plus de temps pour d'autres activités. Par exemple, ils apprenaient à domestiquer des animaux (la volaille, les moutons, les vaches et les chèvres).

Ils chassaient des cerfs, des renards et des loups. Ils allaient à la pêche aussi, et ils mangeaient des poissons de mer et de rivière. Ils cultivaient du blé et de l'orge. Ils utilisaient le sel marin, les herbes et le miel sauvage pour rendre les repas plus savoureux.

On pouvait boire de l'eau, du lait frais ou le jus des fruits.

2 Les Romains mangeaient beaucoup… beaucoup trop!

C'était l'an 58 avant Jésus-Christ. Les soldats de Jules César avaient quitté Rome et envahi la Gaule (aujourd'hui on appelle ce pays: la France). Ils avaient apporté avec eux le poivre, le riz et le vin. Les Gaulois sont vite devenus experts en fabrication de vin. Le vin est devenu une boisson populaire, mais on buvait aussi une sorte de bière et une boisson à base de miel.

Les Gaulois mangeaient beaucoup de porc. Avec le porc on faisait aussi des pâtés et des boudins. Pour les fêtes, les mariages et les victoires militaires, on préparait un sanglier. C'était une spécialité. Avec la viande, les Gaulois mangeaient des légumes: des carottes, du chou et des poireaux, par exemple. Et ils faisaient du pain, avec de la levure de bière.

Comme dessert, les Gaulois mangeaient des pommes, des pruneaux ou des noix. Dans le sud du pays, où il faisait beau et chaud, on cultivait le raisin et les figues.

Pour les Romains, les repas étaient encore plus importants. Les Romains adoraient les grands banquets. Ils s'allongeaient autour d'une table pour manger. Ils mangeaient beaucoup… beaucoup trop! De temps en temps, pendant un long repas, ils quittaient la table et allaient vomir… et puis ils continuaient le repas.

3 On n'avait ni assiette ni fourchette

La période qu'on appelle «le Moyen Age» s'étend du cinquième au quinzième siècle.

Au Moyen Age, on voyageait vers l'Orient. On rapportait des pays d'Orient des épices (de la muscade et du gingembre, par exemple) et des lentilles et des fèves. Mais ces nouveautés n'étaient pas destinées à tout le monde.

La société était divisée: les seigneurs vivaient bien, mais les paysans avaient une vie difficile. La chasse était réservée aux seigneurs. Ils mangeaient toute sorte de gibier: le faisan, la cigogne et le lièvre, par exemple. Ils n'avaient ni assiette ni fourchette. Ils prenaient leurs repas sur des tranches de pain. Ils coupaient la viande avec un grand couteau et ils mangeaient avec les doigts.

A cette époque, on fabriquait du beurre et du fromage avec le lait frais. Et avec les œufs, on faisait des gâteaux.

Pour les paysans, la viande était rare. Il y avait un peu de volaille et de porc de temps en temps, quand on avait de la chance. Le menu ordinaire, c'était les céréales. Les gens pauvres vivaient de pain et de bouillies. Et comme il y avait un grand nombre de famines, beaucoup sont morts de faim.

4 La soupe de légumes et le pain noir

La période qu'on appelle «la Renaissance» s'étend de la fin du quinzième au seizième siècle.

Au cours des siècles, beaucoup d'aliments ont voyagé d'un pays à l'autre. Après la découverte des Amériques, un grand nombre de nouveautés ont été introduites en France. Il y avait la tomate, le haricot, la laitue, l'artichaut et le persil, par exemple.

La reine Catherine de Médecis, qui était née en Italie, avait apporté avec elle la recette des pâtes italiennes. C'est elle aussi qui a popularisé les sorbets. Une autre nouveauté rapportée d'Orient par les voyageurs était le coq d'Inde. Aujourd'hui le nom est plus court, on l'appelle dinde.

Les nobles commençaient à manger avec une fourchette. Un peu différente de la fourchette qu'on utilise aujourd'hui, elle n'avait que deux dents.

Le menu typique d'un paysan était toujours très simple. Il mangeait toujours beaucoup de céréales. Le repas principal était souvent une soupe de légumes, accompagnée de pain noir.

5 Une boisson révolutionnaire

En 1669, un ambassadeur turc offrait au roi Louis XIV une nouvelle boisson: le café. Cette nouvelle boisson était venue d'Ethiopie. En France, le café a eu beaucoup de succès. Il est devenu la boisson de la Révolution française: on buvait du café en discutant et en préparant la Révolution.

Au seizième siècle, une autre boisson était inventée par un homme religieux. Le moine Dom Pérignon inventait un alcool pétillant… le champagne. Le cacao et le chocolat étaient arrivés en France à la même époque.

Les gens pauvres, pourtant, ne profitaient pas des nouveautés. Ils continuaient à manger des céréales. En temps de famine, beaucoup de paysans mouraient de faim. Seule la pomme de terre – introduite en France avant la Révolution – s'était retrouvée sur la table des pauvres.

6 Retour dans le présent

Au vingtième siècle, on mange des aliments de tous les pays du monde: oranges du Maroc, kiwis de Nouvelle-Zélande, avocats d'Israël, etc. Les aliments restent frais grâce à la réfrigération, la congélation, la pasteurisation, l'emballage sous vide et autres procédés modernes.

On mange de plus en plus d'aliments préparés en usine, comme les frites congelées, la viande prédécoupée et le poisson pané.

Mais, comme dans le passé, l'injustice existe encore. N'oublions pas: même aujourd'hui, plus de 550 millions de personnes dans le monde souffrent de la faim.

Activités de compréhension, voir page 29.

Activités de compréhension

La cuisine de A à Z

1 Find in the text:
  a 3 desserts
  b 4 drinks
  c 3 vegetables
  d a Swiss invention
  e a Belgian invention
  f a Spanish invention
  g a person who had a snack named after him
  h two sisters who had a dessert named after them

2 True (*vrai*) or false (*faux*) ? If false, write out the correct sentence.
  a Une assiette anglaise n'est pas pour un végétarien.
  b Les Belges mangent de la mayonnaise avec les frites.
  c L'eau minérale est une invention française.
  d Il existe des hamburgers d'alligator.
  e Le croque-monsieur est un casse-croûte typiquement français.
  f La margarine est une invention de Napoléon III.
  g Pour faire une vinaigrette, il faut de l'huile et du vinaigre.
  h La plus ancienne distillerie de whisky du monde est en France.

3 Choose one or more of the following and write a description, in French, to add to the list:

le Coca Cola	les Dim Sum
la pizza	le thé
le Cornish pasty	le Christmas pudding

Petits menus pour grands copains

1 True (*vrai*) or false (*faux*)? Make a note of the letter which corresponds to each answer. What is the vampire's message?

		Vrai	Faux
a	On peut inviter beaucoup de copains à une soirée télé.	A	B
b	Vincent Lamotte habite à Marseille.	O	L
c	Pour ressembler à un vampire, il faut se maquiller le visage en noir et les yeux en blanc.	A	N
d	Les os à la sauce Dracula sont faits avec du poulet coupé en morceaux.	B	A
e	On prépare les têtes de mort farcies avec des melons, des fruits et de la crème Chantilly.	P	B
f	Gwendoline invite ses copains à regarder un match de foot.	Ê	P
g	On met un drap sur le canapé pour le rendre plus confortable.	R	É
h	Au menu de la soirée télé, il y a des frites, des légumes et du poulet aux olives.	V	T
i	Pour la sauce au chocolat, il faut 200 grammes de chocolat et 100 grammes de beurre.	I	L
j	On fait cuire le chocolat au four.	S	T

2 In French, write out the recipe for your favourite dish.

3 Imagine that you are organising a science-fiction theme party. In French, write an invitation for your friends. Describe the outfit you will be wearing and how your home will be decorated.

Il était une fois

1 According to the text, where do the following items come
  from? Match each food item with the appropriate place.

le vin	*Israël*
les kiwis	*pays d'Orient*
la tomate	*Maroc*
les pâtes	*Ethiopie*
le café	*Italie*
les oranges	*Rome*
les épices	*Nouvelle-Zélande*
les avocats	*Amérique*

2 Answer in French.
  a Nommez trois boissons de la période néolithique.
  b La découverte du feu était un grand avantage pour
     l'homme néolithique. Pourquoi?
  c Quelle était la viande préférée des Gaulois?
  d Quelle boisson a été apportée en Gaule par les Romains?
  e Au Moyen Age, qu'est-ce qu'on avait à la place des
     assiettes?
  f Qui a popularisé les sorbets?
  g On dit que le café est une boisson révolutionnaire.
     Pourquoi?
  h Nommez deux procédés qui aident les aliments à rester
     frais aujourd'hui.

3 Which period of history would you prefer to live and eat in?
  Why? Give your reasons in French, in approximately 150
  words.

Glossaire

A

l' **ail** garlic
ajouter to add
un **aliment** (item of) food
un(e) **Allemand(e)** German
s' **allonger** to lie down
une **amande** almond
une **ambiance** atmosphere
un **ange** angel
appliquer to apply
un **artichaut** artichoke
une **assiette** plate
une **autruche** ostrich
un **avocat** avocado pear

B

battu(e) beaten
le **blé** corn
une **boisson** drink
une **bombe** spray can
un **boudin** type of sausage
une **bouillie** type of porridge
un **brebis** ewe
une **brochette** kebab
une **bulle** bubble
un **but** aim

C

un **casse-croûte** snack
une **casserole** saucepan
un **cerf** deer
une **cerise confite** glacé cherry
un **champignon** mushroom
la **charcuterie** cooked meats
chasser to hunt
une **chèvre** goat
un **chou** cabbage
une **cigogne** swan

un **cœur** heart
un **concours** competition
une **confiserie** sweet
la **congélation** deep-freezing
en **conserve** tinned
un **coq** cockerel
couper to cut
un **couteau** knife
la **crème Chantilly** whipped
cream
croustillant(e) crispy
cru(e) raw
une **cuillerée** spoonful
un **cuisinier** cook
les **cuisses de grenouille** frog's
legs
la **cuisson** cooking
cuit(e) cooked; **cuit(e) à
l'eau** boiled
cultiver to grow

D

dès que as soon as
une **dinde** turkey
c'est **dommage** it's a pity
un **drap** sheet
durer to last

E

l' **éclairage** lighting
l' **emballage sous vide**
vacuum-packaging
entier(ère) whole
envahir to invade
à l' **envers** upside down
environ approximately
une **épice** spice
une **époque** period

un **essai** trial
une **étiquette** label

F

la **faim** hunger
un **faisan** pheasant
faire la fête to celebrate, to have a party
farci(e) stuffed
le **feu de bois** log fire
à **feu doux** on a slow heat
une **fève** bean
une **figue** fig
flottant(e) floating
une **fois** time; **il était une fois** once upon a time
fouetté(e) whisked
un **four à micro-ondes** microwave oven
une **fourchette** fork
fournir to provide
francisé(e) Frenchified
des **frites** chips

G

garder to keep
gazeux(se) fizzy
le **gibier** game
le **gingembre** ginger
un **goût** taste
une **goutte** drop
une **graine** seed
une **grenouille** frog

H

un **haricot** bean
l' **huile** oil
hurler to shriek

I

une **île** island
inquiétant(e) frightening

introduire des pièces to put in coins
un(e) **invité(e)** guest

J

jeter to throw away

L

une **laitue** lettuce
un **lardon** small cube of bacon
la **levure** yeast
un **lièvre** hare
louer to hire
un **loup** wolf

M

la **manière** way
le **maquillage** make-up
mastiquer to chew
mélanger to mix
le **miel** honey
un **moine** monk
monter en neige to beat until stiff
un **morceau** piece
mort(e) dead
un **moule** mould
la **moutarde** mustard
un **mouton** sheep
la **muscade** nutmeg

N

une **nappe** tablecloth
né(e) born
néolithique; (l'homme) néolithique cave(man)
une **noix** nut
nourrir to feed
la **nourriture** food
une **nouveauté** novelty, new thing

O

une **occasion** opportunity
un **ongle** nail
un **os** bone
l' **orge** barley
l' **Orient** the East

P

pané(e) coated in breadcrumbs
des **pâtes** pasta
un(e) **pauvre** poor person
un(e) **paysan(ne)** peasant
une **peau** skin
le **persil** parsley
pétillant(e) sparkling
un **plat** dish
un **plateau-repas** TV dinner
poché(e) poached
un **poireau** leek
une **pomme de terre** potato
la **porcelaine** china
une **poudre** powder
prédécoupé(e) ready cut
un **pruneau** prune
la **purée** mashed potatoes

R

une **racine** root
le **raisin** grapes
rancir to go rancid
rapporté(e) brought back
rayé(e) striped
réaliser to carry out
une **recette** recipe
la **recherche** research
se **régaler** to enjoy (food)
une **reine** queen
remettre to put back
remonter to go back
un **renard** fox
un **repas** meal

réussi(e) successful
le **riz** rice
un **roi** king
une **rondelle** slice
rôti(e) roast

S

le **sang** blood
un **sanglier** wild boar
sauvage wild
savoureux(se) tasty
un **seigneur** (feudal) lord
un **siècle** century
un **soldat** soldier
sombre dark
souffrir to suffer
une **source** spring; **l'eau de source** spring water
une **souris** mouse
stocker to store

T

une **tache** stain
une **tartine** slice of bread
une **tenue** dress
une **tête de mort** skull
une **tranche** slice
à **travers** through
trempé(e) dipped
trop too much

U

une **usine** factory

V

une **vache** cow
vendu(e) sold
un **vernis** varnish
verser to pour
le **vinaigre** vinegar
la **volaille** poultry
vomir to be sick